DICTIONNAIRE

GÉNÉRAL ET RAISONNÉ

DES ÉLÉMENTS CRÉATEURS DE LA LANGUE FRANÇAISE

THÉORIQUE, PRATIQUE, ETC.

Offert à monsieur Boisson, promoteur de l'Imprimerie Lanormant, par l'auteur.

Paris, 1er Avril 1857.

Les formalités exigées par les lois en vigueur ont été remplies.

Tout exemplaire qui n'est pas revêtu de la signature de l'auteur est une contrefaçon.

Paris. — Imprimerie Le Normant, rue de Seine, 10.

DICTIONNAIRE

GÉNÉRAL ET RAISONNÉ

DES

ÉLÉMENTS CRÉATEURS DE LA LANGUE FRANÇAISE

ANALYTIQUE, GRAMMATICAL, MNÉMONIQUE, DIDACTIQUE, SCIENTIFIQUE, LITTÉRAIRE, ETC.,

qui donne, à première vue, le vrai sens et l'orthographe de chaque catégorie de mots, ainsi que le terme propre à la pensée lorsque ce terme n'est pas présent à l'esprit,

ET CONTENANT :

1º Tous les mots usités de la langue française;
2º Les synonymes, les homonymes, les paronymes, leur application pratique;
3º Les mots nouveaux, nécessaires à l'expression, qui ne figurent pas dans les autres lexiques;
4º La conjugaison complète des verbes; 5º La prononciation quand elle est indispensable;
6º Des lois générales et infaillibles pour combattre les anomalies grammaticales dont notre idiome national est hérissé;
7º L'analyse des termes, sans opérer aucun changement à la forme actuelle des *Éléments créateurs*, qui, néanmoins puisés à la vraie source, sont généralement formés des langues sémitiques ou orientales, du Sanscrit, de l'Hébreu, de l'Arabe, du Grec, du Syriaque, de l'Éolique, de l'Égyptien, du Persan, du Latin, de l'Allemand, de l'Italien, de l'Espagnol, du Celtique, du vieux Français, etc.

Mis à la portée de toutes les intelligences, et n'exigeant aucune étude spéciale,

SELON L'ACADÉMIE

ET LES AUTEURS CORRECTS DONT L'AUTORITÉ SUR LES LANGUES EST ABSOLUE

PAR

F. POULET-DELSALLE

PARIS

A L'ADMINISTRATION UNIVERSELLE DE LA MNÉMONIQUE

ADAPTÉE AUX ÉLÉMENTS CRÉATEURS DE LA LANGUE FRANÇAISE,

M. FAVRE DU CHÉNEY, Administrateur, rue du Faubourg-Saint-Antoine, 72.

LIBRAIRIE LE NORMANT, RUE DE SEINE, 10.

DICTIONNAIRE

GÉNÉRAL ET RAISONNÉ

DES

ÉLÉMENTS CRÉATEURS DE LA LANGUE FRANÇAISE

ANALYTIQUE, GRAMMATICAL, MNÉMONIQUE, DIDACTIQUE,
SCIENTIFIQUE, LITTÉRAIRE, ETC.,

qui donne, à première vue, le vrai sens et l'orthographe de chaque catégorie de mots, ainsi que le terme propre
à la pensée lorsque ce terme n'est pas présent à l'esprit,

ET CONTENANT :

1º Tous les mots usités de la langue française ;
2º Les synonymes, les homonymes, les paronymes, leur application pratique ;
3º Les mots nouveaux, nécessaires à l'expression, qui ne figurent pas dans les autres lexiques ;
4º La conjugaison complète des verbes ; 5º La prononciation quand elle est indispensable ;
6º Des lois générales et infaillibles pour combattre les anomalies grammaticales dont notre idiome national est hérissé ;
7º L'analyse des termes, sans opérer aucun changement à la forme actuelle des *Éléments créateurs*, qui,
néanmoins puisés à la vraie source, sont généralement formés des langues sémitiques
ou orientales, du Sanscrit, de l'Hébreu, de l'Arabe, du Grec, du Syriaque,
de l'Éolique, de l'Égyptien, du Persan, du Latin, de l'Allemand,
de l'Italien, de l'Espagnol, du Celtique,
du vieux Français, etc.

Mis à la portée de toutes les intelligences, et n'exigeant aucune étude spéciale,

SELON L'ACADÉMIE

ET LES AUTEURS CORRECTS DONT L'AUTORITÉ SUR LES LANGUES EST ABSOLUE

PAR

F. POULET-DELSALLE

PARIS

A L'ADMINISTRATION UNIVERSELLE DE LA MNÉMONIQUE

ADAPTÉE AUX ÉLÉMENTS CRÉATEURS DE LA LANGUE FRANÇAISE,
rue du Faubourg-Saint-Antoine, 72.

LIBRAIRIE LE NORMANT, RUE DE SEINE, 10.

INTRODUCTION

Si je livre à la publicité ce Dictionnaire, commencé depuis plus de vingt ans, œuvre théorique-
pratique, consacrée à faciliter les opérations de l'esprit et à combattre les difficultés de notre
idiome national, diplomatique et universel, tout en remplissant, sous les rapports lexicogra-
phiques, les mêmes conditions que les Dictionnaires français du prix le plus élevé, et qui con-
tiennent de gros in-folio, c'est afin : 1° de répondre au vif désir que m'ont exprimé des écrivains
éminents de l'Europe savante, dont le mérite semble avoir acquis le droit de faire autorité sur les
langues ; 2° c'est afin de répondre aux besoins sentis par les masses d'acquérir, en peu de temps
et à bon marché, une instruction rationnelle, solide et vivifiante, qui forme l'esprit et le jugement ;
3° c'est afin, dis-je, de prouver à mes nombreux et honorables lecteurs, ainsi qu'aux autorités
compétentes des nations civilisées, soucieuses de l'avenir des peuples, amies des sciences, des arts,
des innovations heureuses, du progrès, etc., qui ont honoré de leur adhésion mes ouvrages de
grammaire déjà publiés (quoique très-incomplets), un vif sentiment de gratitude, un souvenir éter-
nel, tout le prix que j'attache enfin à leur extrême indulgence pour mes premières productions,
que je m'applaudis néanmoins d'avoir élaborées. A ces causes et pour ces considérations, qui
attestent un passé plein d'espérance, j'ai voulu donner au *Dictionnaire général et raisonné des
Éléments créateurs de la Langue française* un intérêt universel, un esprit plus sérieux, un mérite incontestable, senti, apprécié par ces hommes éminents, en y introduisant toutes les modi-
fications, les améliorations et innovations dont la langue française est susceptible, en ouvrant
même un asile au néologisme, qui, heureusement inspiré, peut contribuer puissamment à enrichir la langue et ajouter à sa beauté, à son génie, à sa souplesse grâcieuse, cette mine féconde d'agréments qui font le charme et le délice du monde savant et poli, bienfaits que les po-
pulations laborieuses vont bientôt posséder dans toutes les contrées de la France et dans tout
l'Univers instruit et civilisé.

Cette source intarissable de trésors naissants se trouve dans l'analyse des termes, dans la dissec-
tion et la composition des mots, enfin dans leurs *Éléments créateurs*, qui, suivis de théories fon-
dées sur le savoir vrai, à l'abri de toute ambition, sont eux-mêmes accompagnés de la pratique.
J'ai voulu, avant tout, que ce *Dictionnaire général et raisonné*, etc., fût populaire, c'est-à-dire
à la portée de toutes les intelligences, à l'usage de toutes les conditions, d'un prix accessible à
tout le monde, et assez complet pour suffire à l'enseignement en général de la langue française
sans le secours d'aucune grammaire. En effet, le dictionnaire d'une langue n'est-il pas cette
langue elle-même?

L'*Élément créateur* rend l'âme à la pensée ; c'est la réverbération de l'intelligence. Et l'intelligence n'est-elle pas la primauté, la puissance, le commandement? L'intelligence, c'est tout ;
c'est la raison, le bon sens, etc. L'Orthographe, considérée à sa juste valeur et bien définie, est
l'art de représenter la pensée par le secours des *Éléments créateurs*; elle est comme la peinture
de l'esprit ou l'image de la parole, et c'est à ces titres qu'elle doit être, en quelque sorte, con-
fondue avec l'*Élément créateur*, dont elle n'est que le reflet. Mais, dans quelques modes d'enseignement, je conçois que, pour le jeune âge, elle forme l'objet d'une étude particulière, non pas

parce que la vraie marche du progrès l'exige, mais parce que l'inégalité des jeunes et nombreuses capacités rend difficile l'application de cette mesure, qui est pourtant la seule véritable, la seule dont les résultats soient infaillibles et à la hauteur du génie des langues. De là, admettons enfin deux branches différentes pour l'Orthographe et pour les Étymologies, que je nomme, avec plus de réserve, les *Eléments créateurs*.

Ces deux branches principales de l'instruction, qui étaient comme deux écueils inabordables, dont le nom seul paraissait décourageant, sont aujourd'hui d'un accès facile dans les colonnes du Dictionnaire que j'ai l'honneur d'offrir au public, et doivent faire l'objet d'une étude spéciale, plus sérieuse, pour se hâter de sortir des vieilles routines sans fondement qui rendaient l'instruction trop ardue, arrêtaient le progrès, corrompaient l'esprit et faussaient le jugement, et dont les règles mécaniques étaient par leur isolement comme autant d'obstacles au développement de l'intelligence. Chaque écrivain habile a reconnu l'urgence de cette étude, pour s'initier ingénieusement à l'art d'exprimer nettement et avec harmonie sa pensée, ou écrite ou non écrite, d'une manière intelligible à tous et pour tous, sans donner lieu aux ambiguïtés, aux équivoques, aux antilogies, qui sont comme autant de lèpres du discours, propres seulement à engendrer des procès, des haines, des querelles absurdes, qu'il importe à tout esprit ferme, stable, ami de l'ordre, du bon droit, de la raison, de l'équité, du bien général, de chercher à éviter. L'instruction solide, c'est la droiture de l'esprit, c'est la constance dans les principes, c'est l'amour du devoir, et, par la suite, l'ambition de l'équité.

Oui, privé de cette étude, si féconde en résultats et mise à la portée de tout le monde, on serait souvent obligé de recourir à un conseil pour énoncer sa pensée. Il suffira de le dire une bonne fois et de le prouver ensuite, pour oser espérer que les amis de la science, du beau, de l'utile, du savoir vrai, voudront tous s'intéresser au succès de ce livre, qui comble les lacunes dont il est parlé, et pour avoir, à coup sûr, leur bienveillante adhésion.

Je sais combien de prise à la critique donne une œuvre telle que celle-ci, que l'on peut toujours qualifier de compilation, et dont la richesse même ne consiste que dans l'heureux et abondant recueil, que dans des recherches minutieuses opérées dans toutes les langues qui ont plus ou moins concouru à la formation de la nôtre. Mais, n'ambitionnant aucune gloire littéraire, j'ai consacré d'abord mes soucis et mes veilles à l'élaboration d'une œuvre utile et agréable à ma patrie, à la jeune France, dont l'avenir et l'espoir se vivifient dans la stabilité du caractère de la jeunesse studieuse, que j'ai toujours affectionnée, et dont je désire vivement adoucir les travaux pénibles par mon faible contingent de lumière, par mon expérience acquise à la vraie source, et sans craindre, pour faciliter une instruction dont le besoin est généralement reconnu, d'attaquer, et de front, les doctrines trop mesquines des auteurs systématiques, qui sacrifient le beau, l'utile, à l'amour-propre de l'invention quand même, ou qui ne font que broder les ouvrages sérieux des fondateurs de la langue.

Au lieu de renvoyer à l'usage, sans limitation, à des lectures infinies, et de taxer de pauvreté, d'incurie, etc., la plus belle des langues, le *Dictionnaire général et raisonné des Eléments créateurs de la langue française* donne non-seulement, à la première lecture, la signification et l'orthographe absolue de chaque catégorie de mots (et qui s'élève quelquefois à plus de 10,000); il facilite les opérations de la mémoire, et, au moyen de l'*Elément créateur* placé en tête de la colonne de mots et de la théorie qui l'accompagne, il offre, au premier coup d'œil, le terme propre à l'expression, lorsque le terme dont il s'agit n'est pas présent à l'esprit embarrassé, résultats sans précédent, que ne peuvent ambitionner les grammaires et les dictionnaires déjà livrés à la publicité, et dont l'impuissance est manifeste et s'accuse par l'isolement des principes, l'incohérence des idées, par le défaut d'analyse, etc. ;

A moins d'entendre par *usage* l'habitude de l'analyse, la connaissance acquise des *Eléments créateurs*, qui sont comme la base ou la racine originelle des mots. Cet usage-là est celui du livre qui m'occupe depuis si longtemps, et dans cette hypothèse on partagerait ma conviction.

Mais il en est autrement. Les routiniers, qui veulent arrêter l'essor de la vraie science, tiennent un tout autre langage que celui-là (langage qui devient funeste à l'avenir de la jeunesse) en invoquant une longue habitude des choses, une suffisance opiniâtre et l'idée bien arrêtée de n'opérer aucun changement à leurs usages, dans la crainte de troubler les jeunes cerveaux de leurs adeptes. Le nombre de ces obstinés est heureusement fort restreint, et, j'ose le dire à la gloire des pays civilisés, des nombreux auditeurs qui ont honoré de leur présence mes séances publiques depuis quinze ans, pour rendre hommage aux sentiments illustres et encourageants, ainsi qu'au mérite de ceux qui daignent vérifier, avec impartialité et loyauté, les principes que consacrent l'expérience, l'usage de l'autorité, le bon sens et la raison, on rencontre, à l'heure qu'il est, peu d'incrédules qui ne sentent le besoin de s'inspirer ; et je me réjouis avec mes anciens collègues, dont la tâche pénible, mais honorable, se lie à ma première carrière, de voir s'enrichir la langue française sous les auspices des autorités compétentes, dans les classes laborieuses et intelligentes qui ne rougissent pas de chercher à acquérir ni de faire accélérer le progrès dans de sages proportions, selon la nécessité des temps et la marche prudente de l'esprit de l'époque. C'est à elles que cette œuvre est dédiée, et c'est d'elles qu'elle attend tout son retentissement dans les pays où elle trouvera un asile.

Constant dans ses principes, vrai dans ses théories, pour remplir le vide immense dont il s'agit, ce *Dictionnaire général et raisonné*, etc., donne :

1° La prononciation, quand elle est indispensable ;

2° Les racines originelles puisées dans les langues de nos premiers pères, mais, autant qu'il est possible, sous la forme de l'*Élément créateur* français, sans lui faire subir aucune altération, si ce n'est quand les formes bizarres du mot l'exigent absolument et pour en faciliter l'intelligence ;

3° Les définitions claires, mais concises, et sans y rien omettre ;

4° Des règles grammaticales ou logiques, selon les circonstances, pour combattre avec précision et lucidité, sans esprit de retour, les difficultés, de manière à éviter les répétitions et les superfluités ;

5° Les différents sens, absolu, littéral ou figuré ;

6° La conjugaison complète des verbes, l'application pratique, l'usage des paronymes, homonymes, synonymes, etc.

Toutes les lois qui sont établies dans ce livre, considéré comme un code pour régir la langue, sont conformes à l'esprit du Dictionnaire de l'Académie, dont l'autorité sur la langue est absolue. Les articulations placées en tête des principales catégories de termes, pour représenter ingénieusement les *Éléments créateurs*, font image dans l'esprit, où elles laissent une trace ineffaçable du vrai sens qu'elles servent à exprimer à la première vue.

Ce qu'on appelle l'analyse d'une langue ne consiste pas simplement à dire à quelle partie d'oraison appartient le mot, s'il est verbe, substantif ou adjectif, s'il est masculin ou féminin, singulier ou pluriel, etc. Il faut, pour analyser un terme, le disséquer ou le décomposer de manière à en reconnaître les *Éléments créateurs*, ou les racines originelles, afin de pouvoir en donner ainsi séparément le vrai sens, réunir ensuite toutes ces idées détachées pour n'en plus former qu'une idée générale ou la définition succincte qui sert de base aux diverses définitions, applicables aux sens différents que présente le mot à décomposer. Soit le mot *abandon*, donné pour exemple d'analyse. Il faut faire d'abord la division de ce terme comme il suit : *a ban don* (et non *a band*, car avec cette dernière décomposition l'esprit peut se trouver embarrassé pour retrouver, dans d'autres termes, l'élément *ban*, qui aurait subi quelque altération, et pourrait mettre ainsi en doute le sens clair et déterminé qu'il ajoute à tous les mots qu'il constitue).

Ce mot est formé de *a* privatif, qui signifie *sans*, de *ban*, qui signifie *lien*, et de *don*, qui signifie *faveur ;* c'est-à-dire, *privation* de la *faveur* du *lien*, ou *sans* la *faveur* du *lien ;* enfin, état de ce qui est *privé* de la *faveur* du *lien*.

En effet, si l'on fait subir au mot *abandon* la transition dont il est parlé plus haut, on trouvera, selon le vieux français, *a* privatif, et *band* (de l'allemand), *lien*, c'est-à-dire, *sans lien*. Mais, d'après ce système, quand il s'agira du mot *banlieu*, *lieu lié à...* l'élément créateur *ban*, ayant alors perdu son caractère étranger, sera devenu vraiment méconnaissable aux yeux de tout le monde. Il est prouvé, et d'une manière incontestable, que *ban*, dans le français moderne, ajoute aux mots qu'il sert à former l'idée de *lien, liaison,* sans exception. Cela suffit pour cette catégorie de mots de notre langue, et pour justifier, en même temps, la sagacité et le jugement de ses doctes fondateurs, que tout esprit faible et peu lucide chercherait vainement à critiquer.

On voit qu'il importe de bien saisir les fondements de la langue moderne pour pouvoir en apprécier les beautés, la richesse et toute l'élasticité d'esprit qu'elle respire, ainsi que la finesse de son génie créateur, pour oser établir la définition des termes qui la composent, sans pour cela recourir à des éléments hétérogènes, dont la source est quelquefois incertaine, et pour ne pas s'exposer à l'absurde, à l'erreur, ou à tomber dans l'exagération de l'idéal.

POULET-DELSALLE.

⸺⸺∘⸺⸺

Appréciation. ATHÉNÉE ROYAL DE TOURNAY. 13 mai 1841.

Le Principal de l'Athénée royal de Tournay à **M**. *le Professeur* POULET.

« MONSIEUR,

« *Je ne ferai point,* dit le grand Bacon, *comme ceux qui, voulant connaître un temple, se promènent une lampe à la main ; je suspendrai un lustre au milieu de la voûte, et tout l'édifice sera éclairé…* » Ce lustre dont parle le restaurateur de la philosophie, c'est la méthode.

Partant de l'induction et de la déduction, de l'analyse et de la généralisation, vous appliquez à la Grammaire la méthode recommandée par le philosophe anglais, la seule méthode propre à faciliter l'étude des langues.

« Il vous était réservé de voir l'unité là où l'École ne voit communément que des faits disparates, des données incohérentes.

« Je souhaite à votre système de grammaire le succès qu'il mérite ; je souhaite qu'il soit introduit dans tous les établissements d'instruction, qu'il pénètre dans l'enseignement de toutes les langues.

« L'abbé KLEYR,
« Docteur en philosophie et en lettres. »

AVIS

Convaincu de l'utilité du *Dictionnaire général et raisonné des Éléments créateurs de la langue française,* etc., par la preuve religieusement acquise de son mérite reconnu et incontesté, qu'il nous soit permis d'en recommander l'usage à toutes les conditions de la société, aux fonctionnaires, aux professeurs, aux hommes d'affaires, aux amis du progrès, aux institutions, et plus particulièrement à celles où l'on n'enseigne pas les langues anciennes, et en général aux institutions de demoiselles, etc.

Le lecteur est assuré que l'œuvre n'est pas l'objet d'une spéculation de librairie, lorsque sur le *verso* du titre se trouve la signature de l'auteur, et non une griffe.

NOTIONS PRÉLIMINAIRES

MNÉMONIQUE.

On entend par *mnémonique* l'art de faciliter les opérations de la *mémoire*.

On représente aussi par ce terme la méthode par laquelle on se forme une mémoire artificielle. Ce mot est puisé dans l'antiquité grecque et formé du nom de *Memnos* ou *Mnénophis*, dieux qui donnaient la mémoire, et que l'on considère, dans l'histoire de ces temps fabuleux, comme les fondateurs mêmes de la *mémoire*. La *Mnémonique* doit être considérée comme la fille de l'un ou de l'autre de ces créateurs de l'art de retenir. On en trouve dans la langue grecque l'origine que voici : *Mnêmonenô*, je me souviens, je me rappelle, dont on a fait *mnêmonikê* (sous-entendu *technê*), art qui a la *mémoire* pour objet.

ÉLÉMENTS CRÉATEURS, FORMES OU VARIÉTÉS.

L'Élément créateur se compose des syllabes qui forment le mot, et qui présentent à l'esprit une idée accessoire ou absolue.

EXEMPLES : *Sup, super, anti, archi*, etc., sont des *Éléments créateurs*. La plupart des mots qui ont plus de trois éléments sont formés de mots plus courts. D'où il résulte que le mot français ne peut avoir généralement que trois éléments, ou moins de trois.

Les *formes* ou *variétés* consistent dans les diverses transformations ou altérations que les *Éléments créateurs* ont pu subir, mais sans opérer aucun changement à la signification primitive, pour se lier à telle ou telle syllabe ou à un mot primitif.

DÉFINITION DES ÉLÉMENTS CRÉATEURS.

On entend par *Initiale* la syllabe ou les articulations qui commencent le mot;
— *Médiale*, la syllabe ou les articulations qui forment le corps ou milieu du mot;
— *Finale*, la syllabe ou les articulations qui terminent le mot.

ART D'ÉNONCER LA PENSÉE PAR SES VRAIS TERMES.

Pour exprimer une idée il faut avoir le mot propre présent à l'esprit. Supposons qu'il soit question d'énoncer une pensée dont on ignore les termes. On devra recourir à la table qui termine le *Dictionnaire général* et *raisonné* des *Éléments créateurs* de la langue française, où l'on trouve, à première vue, la nomenclature des éléments nécessaires pour satisfaire l'esprit embarrassé.

Soit pour exprimer une idée *agréable*, celle de *douceur*, de *bien*, de *bon*, de *beau*, de *bon augure*. Voir, à la *Table*, colonne 4, *idée de bien*, de *bon*, etc. ; colonne 1 et 2, qui renferment les *Éléments créateurs* et leurs variétés, où l'on trouve, colonne 1, l'élément *eu*, sur la ligne correspondante. Il s'agit de faire ensuite le choix du terme dans cette nomenclature, en tête de laquelle se trouve une théorie sans exception.

Soit pour exprimer une idée d'*éloignement*, de *séparation*, etc. Voir la *Table*, colonne 4, idée d'*éloignement*, de *séparation*, et colonne 1, initiale *apo*, ou initiale *é*, sur la ligne correspondante. Il ne s'agit plus ensuite que de faire choix du terme et de l'expression, puisqu'on est à la vraie source.

OBSERVATIONS SUR LA LETTRE *a*.

Pour ne pas devoir donner au Dictionnaire un ordre irrégulier, qui dans les recherches pourrait embarrasser les jeunes intelligences, voici quelques instructions supplémentaires relatives à la lettre A, dont les quatre origines reconnues ont un sens différent, dans la langue française.

Première origine. A, particule initiale, vient de l'*a* latin, ajoute au mot qu'il sert à constituer une idée accessoire de *séparation*, d'*éloignement*, et signifie *contre, dehors*, etc. En voici les formes ou variétés : *ab, abs, av.* Exemple : *abolir* est formé de *ab*, hors, et *olir*, formé de *olere* (L.), exhaler, ôter, anéantir, exhaler quelque odeur; *ôter* jusqu'à l'odeur.

Deuxième origine. A, particule initiale, vient de *ad*, des Latins, ajoute aux mots qu'il sert à constituer une idée accessoire de *tendance*, d'*appartenance*, de *direction vers un terme*, etc., et signifie *à, vers, de*. En voici les formes ou variétés : *ab, ac, ad, af, ag, al, ap, as, at, av.* Exemple : *abondance* est formé de *ab*, et *ondance*, formé de *undo*, je coule; *grande quantité de*;... *Admettre* est formé de *ad*, à, vers, et de *mettre*.

Troisième origine. A, particule initiale, vient de *in* (Latin), d'où l'on a tiré *en* (*am*, *an*), et ensuite *à*, en faisant disparaître le son nasal; il ajoute aux mots qu'il sert à constituer une idée accessoire d'*introduction*, d'*intériorité*, et signifie *dans*. Exemple : *abonnir* est formé de *à*, dans, et de *bon*; rendre bon, mettre quelque chose de *bon dans*.

Quatrième origine. A, particule initiale, vient de *a* privatif grec, qui est la préposition *sans* en français; il ajoute aux mots qu'il sert à constituer une idée accessoire de *privation*, d'*absence*, et signifie *sans*. En voici les formes ou variétés : *ad*, *an*, *ap*, *as*, *at*. Exemple : *apepsie* est formé de *à*, sans, et de *pepsie*, formé de *pepsis* (Gr.), digestion, coction; *sans* digérer, défaut de digestion.

Pour faciliter l'étude des racines originelles qui concernent la lettre *a*, dans les quatre nuances différentes qu'elle sert à exprimer, il faut, pour combattre les anomalies dont il s'agit, considérer, dès le commencement de cette étude sérieuse et indispensable, la lettre *a*, reconnaissant quatre origines et marquant quatre idées différentes, comme ramenée à deux idées seulement, et établir, entre les quatre origines les rapprochements identiques.

RAPPROCHEMENT ENTRE LA PREMIÈRE ET LA QUATRIÈME ORIGINE.

1° Dans la *première origine a* ajoute aux mots qu'il sert à former une idée de *séparation*, d'*éloignement*, etc.; 2° dans la *quatrième origine a* ajoute aux mots qu'il sert à former une *idée* de *privation*, d'*absence*, etc.; de sorte que, dans le premier cas, *a* signifie *séparé*, *contre*, *dehors*, *éloigné*, etc., et dans le second cas il signifie *sans*.

Ce qui revient à dire que, dans ces deux cas, il y a idée de *privation*, d'*absence*.

Conséquence qui résulte des deux définitions précédentes

(1re et 4e origine, *a* privatif) :

A, dans la *première* et dans la *quatrième* origine, sera considéré d'abord comme *privatif*, sauf à admettre, plus tard, la différence peu sensible de nuance entre les deux idées dont il s'agit. Exemple : *apétale* est formé de *a* privatif, sans, et de *pétale*, formé de *petalon* (Gr.), feuille; c'est-à-dire *sans pétale*, *privé de feuille*.

RAPPROCHEMENT ENTRE LA DEUXIÈME ET LA TROISIÈME ORIGINE.

1° Dans la *deuxième origine a* ajoute aux mots qu'il sert à former une idée d'*appartenance*, de *direction* vers un terme; 2° dans la *troisième origine a* ajoute aux mots qu'il sert à former une idée d'*introduction*; de sorte que, dans le premier cas, *a* signifie *à*, *vers*, *de*, etc., et dans le second cas, il signifie *dans*.

Ce qui revient à dire qu'il y a, dans ces deux cas, idée d'*augmentation*, d'*introduction*, de *direction* vers un terme quelconque.

Conséquence qui résulte des deux définitions précédentes

(2me et 3me origine, *a* augmentatif) :

A, dans la *deuxième* et dans la *quatrième* origine, sera considéré d'abord comme *augmentatif*, sauf à admettre, plus tard, la différence peu sensible de nuance entre les deux idées dont il s'agit. Exemple : *amener* est formé de *a*, dans, vers, et de *mener* : c'est *mener dans*, ou *mener vers*, etc.

APPLICATION PRATIQUE.

Il sera donc tout simplement question de voir, au premier coup d'œil, si *a* est *privatif* ou *augmentatif*.

Privatif, *a* apporte au mot dont il est l'élément initial l'idée de *privation*, de *séparation*, d'*éloignement*, etc.

Augmentatif, *a* apporte au mot dont il est l'élément initial l'idée d'*augmentation*, de *tendance*, d'*introduction*, de *direction* vers un terme, etc.

Pour l'application de ces théories, voyez le Dictionnaire, dont l'analyse des termes répond à tous les besoins de l'expression et satisfait toute avidité.

ABRÉVIATIONS PRINCIPALES :

s.	substantif.	Fam.	familier.
art.	article.	Fauc.	fauconnerie.
adj.	adjectif.	Fig.	figuré.
m.	masculin.	Géogr.	géographie.
f.	féminin.	Géom.	géométrie.
pr.	pronom.	Gnom.	gnomoniaque.
sing.	singulier.	Gramm.	grammaire.
pl.	pluriel.	Hist.	histoire.
v.	verbe.	Hist. N.	histoire naturelle.
v. r.	verbe réfléchi.	Ichth.	ichthyologie.
pp.	préposition.	Intrans.	intransitif.
adv.	adverbe.	Jurispr.	jurisprudence.
conj.	conjonction.	Mar.	marine.
part.	participe.	Math.	mathématiques.
pers.	personne.	Méc.	mécanique.
pers.	personnel.	Méd.	médecine.
Acad.	Académie.	Minér.	minéralogie.
Agric.	agriculture.	Myth.	mythologie.
Alg.	algèbre.	Opt.	optique.
Anat.	anatomie.	Ornith.	ornithologie.
Antiq.	antiquité.	Phys.	physique.
Archéol.	archéologie.	Poét.	poétique.
Archit.	architecture.	Prim.	primitf.
Astr.	astronomie.	Prn.	prononcez.
Blas.	blason.	Rhét.	rhétorique.
Bot.	botanique.	Sculpt.	sculpture.
Chim.	chimie.	T.	terme.
Chir.	chirurgie.	Théol.	théologie.
Dict.	dictionnaire.	Trans.	transitif.
Encycl.	encyclopédie.	Vén.	vénerie.
Entom.	entomologie.		

ABRÉVIATIONS ESSENTIELLES :

S.	*signifie*	sanscrit.	Esp.	*signifie*	espagnol.
Hébr.	—	hébreu.	Celt.	—	celtique.
Ar.	—	arabe.	Angl.	—	anglais.
Gr.	—	grec.	Pers.	—	persan.
Syr.	—	syriaque.	Égypt.	—	égyptien.
Éol.	—	éolique.	L. O.	—	langues orientales.
L.	—	latin.	Vy.	—	voyez
V. fr.	—	vieux français.	Appl. pr.	—	application pratique.
It.	—	italien.	——		formé de.
All.	—	allemand.	S. fig.	—	sens figuré.

USAGE DE LA TABLE.

La colonne 1 donne l'initiale des mots, ou les principaux *Éléments créateurs*.

La colonne 2 donne les formes ou variétés sous lesquelles peut se présenter l'*Élément créateur* de la ligne correspondante.

La colonne 3 donne, au premier coup d'œil, un résumé offrant le vrai sens ou l'idée que représentent l'*Élément créateur* et les formes ou variétés de la ligne correspondante.

La colonne 4 indique la page où se trouve la nomenclature de tous les termes, sans y rien omettre, selon l'ordre établi dans les autres dictionnaires, avec les définitions, leur usage, et les lois orthographiques qui y sont relatives, etc.

Nota. Dans ce Dictionnaire pratique, le mot qui n'est pas décomposé selon ses *Éléments créateurs* a son analyse établie, selon son origine, à son verbe à l'infinitif.

Comme il s'agit de faciliter les opérations de l'esprit par le secours de l'*Élément créateur*, on n'a pu observer partout les règles de la déclinaison, dans toutes les langues d'où la nôtre tire son origine. Il s'agit, en effet, dans ce livre destiné à l'instruction populaire, de faire la division des termes selon les vrais éléments qui représentent un sens à l'esprit, sens applicable, à première vue, à tous les mots de la même catégorie.

DICTIONNAIRE

GÉNÉRAL ET RAISONNÉ

DES ÉLÉMENTS CRÉATEURS DE LA LANGUE FRANÇAISE

ANALYTIQUE, GRAMMATICAL, MNÉMONIQUE, DIDACTIQUE,

SCIENTIFIQUE, LITTÉRAIRE, ETC.

A

A. s. m. La première lettre de notre alphabet et la première des six voyelles, entre, comme initiale, dans la composition de plus de *quinze mille mots français.* Il est long, grave, ou bref, selon les lois de la prosodie auxquelles il est soumis. Cette lettre, par le son, représente le cri de joie que fit entendre notre premier père en recevant le jour, pour reconnaître l'œuvre de son créateur. Enfin, considéré dans son état naturel, avant d'avoir subi aucune transition, A est le cri de joie, d'approbation, qu'éleva vers Dieu une âme touchée d'une vive reconnaissance. C'est l'expression d'un sentiment religieux, spontané, vif, subit; d'un sentiment d'amour, de respect, d'affinité, de tendresse, etc. Par la suite A fut employé dans un sens abusif, et depuis il est quelquefois l'expression d'un sentiment contraire. É (*é*), cri de joie considéré à son origine comme féminin de A, dont il est l'adoucissement, s'attribue à la compagne d'Adam.

Avant d'aller plus loin, il faut dire de suite que, dans notre alphabet, toutes les lettres sont du genre masculin, sans exception.

Pour les diverses origines et la vraie signification donnée à la lettre A dans les langues, et surtout dans la nôtre, on en trouve plus haut les théories, page 10, justifiées par l'application de chaque terme du texte qui leur est relatif.

A est augmentatif ou privatif c'est-à-dire que, employé au commencement des mots, il ajoute aux termes qu'il sert à former l'idée d'*augmentation* ou celle de *diminution*, de *privation*, enfin l'idée de *plus* ou de *moins*.

APPLICATION PRATIQUE (1). **A,** sans accent, est bref; c'est la troisième pers. du sing. du prés. de l'ind. : Il *a* de l'esprit. Verbe impersonnel. *Il y a*, c'est-à-dire il existe : *Il y a des cerveaux brûlés qui ne rêvent le bonheur que dans le malheur d'autrui;* c'est-à-dire: *il est*, ou *il existe*, etc.

A, préposition, est surmonté d'un accent grave (*à*); il est bref et s'emploie devant les noms propres et précède également ceux qui ne prennent pas l'article : Donnez *à* Paul; rendez *à* Dieu le culte que vous lui devez. Combiné avec l'article, devant le nom ou substantif, il équivaut au datif des latins : *à* la gloire de Dieu et du prince. Il s'emploie avec l'infinitif des verbes régis par d'autres verbes ou par un subst. : Bon *à* manger, beau *à* voir, maître *à* chanter; donner *à* boire, *à* manger, etc. Il s'emploie aussi comme préposition, au lieu du gérondif latin : Rarement *à* courir le monde on devient plus homme de bien; c'est-à-dire: rarement, *en* courant le monde, etc.

A est long dans *pâte* (de farine), et bref dans *patte* (pied d'animal). Dans le premier exemple, il prend l'accent circonflexe; dans le second il n'en prend pas.

A, employé comme préposition, tient lieu et place d'au-

tres mots : 1º il tient la place *d'après* : Poil *à* poil (poil *d'après* poil); 2º de *avec* : Écrire *à* l'anglaise, *à* l'américaine, etc. (écrire *avec* de l'anglaise, *avec* de l'américaine); 3º de *pour* : Encre *à* écrire (encre *pour* écrire); 4º de *environ* : Dix *à* douze ans (*environ* dix, douze ans); 5º de *par* : On le voit *à* vos manières (*par* vos manières); 6º de *selon, suivant* : Un met *à* votre goût (*selon* votre goût); un bœuf *à* la mode (*suivant* la mode); 7º de *vers* : Payable *à* la fin de janvier (*vers* la fin de janvier); il va *à* sa fin (*vers* sa fin).

A, employé en chimie, signifie amalgame, amalgamer, et se redouble dans ce même sens (AA), ou se triple (AAA).

A, chez les Grecs, Alpha, première lettre de leur alphabet, marque privation : *Athée, — a*, sans, et de *théé*, de *theos* (Gr.), Dieu (*privé* de la connaissance de *Dieu*), *sans Dieu.*

A, du calendrier Julien, est aussi la première lettre dominicale; avant l'ère chrétienne, c'était la première des huit premières lettres de l'alphabet romain, par laquelle s'introduisit l'usage des lettres dominicales.

LOIS ET USAGES GRAMMATICAUX.

Il faut éviter les assonances, telles que : Il *va à* Rome; il *a à* vous parler, etc. Répétez la préposition *à* devant chaque régime : Il apprend *à* lire, *à* écrire; il doit son bonheur *à* sa vertu, son triomphe *à* son courage, son succès *à* son activité, etc. Il y a cette différence entre c'est à vous *à jouer, à parler*, etc., et c'est à vous *de jouer, de parler*, etc; dans les deux premiers exemples on veut dire : c'est *votre tour*; dans les deux derniers, *c'est votre droit.*

On dit : *trois à quatre heures, cinq à six heures*, parce que le substantif heure (qui suit les nombres *trois, quatre*, etc.), peut être divisé. Mais en cas contraire on emploie *ou* : *Trois* ou *quatre maisons; cinq* ou *six hommes*, les mots hommes, maisons, ne pouvant admettre de division. On ne peut, en effet, faire la division des derniers comme on la fait des premiers.

Aabam. s. m. (Mot antique) Synonyme de *plomb*.

Aaiba. s. m. Petit arbuste des Indes-Orientales (Bot.).

Aal. s. m. Espèce d'arbre de l'Inde (Bot.).

Aalcim. s. m. Plante grimpante des Indes-Orientales (Bot.).

Aam ou **Haam.** s. m. Mesure de capacité des Pays-Bas.

Aangitch. s. m. Espèce de canard à longue queue (Hist. N.).

Aar. s. f. — *a*, eau, rivière, et de *rhul*, vite, rapide (Celt.). — Nom d'une rivière de la Suisse.

Aarberg. — *aar*, de *a*, eau, et *ar*, sur, et de *berg*, hauteur; *sur* la *hauteur* de *haar* (Celt.).

Aaron. s. m. Premier grand-prêtre des Hébreux.

Aas. — *a*, eau, et *as*, — *agen*, blessure, ou mieux de *iach*, salutaire (Celt.). Eau salutaire.

(1) Plus loin, ces deux termes sont représentés par l'abréviation APPL. PR.

NOTA. Le renvoi (Vy.), qui suit immédiatement le mot, indique le terme auquel on doit recourir pour l'analyse, c'est-à-dire pour avoir les *Éléments créateurs* du mot à analyser, afin d'éviter des répétitions superflues.

AB

THÉORIE ORTHOGRAPHIQUE. La consonne *b* ne se redouble jamais au commencement des mots de cette catégorie, que l'*a* soit augmentatif ou privatif ; excepté *abbé,* et tous ses dérivés ou composés, à cause de leur origine *abba* (père) Écrivez sans hésitation tous les mots français en *ab* par un seul *b*.

Ab ou **Abba.** — *ab* (Hébr.), père, ou de *abba* (Syr.), père.

Aba. s. m. (mot prim.). Corruption d'*abba*. Espèce d'étoffe de laine de fabrication turque. (L. O.)

Abab. s. m. Nom donné aux matelots turcs levés dans l'empire, à défaut d'esclaves.

Ababdeh, **Abdeh**, **Ababdé** ou **Abadé.** Nom d'une peuplade de la Nubie.

Ababouy. s. m. Prunier épineux des Antilles (Bot.).

Ab absurdo. s. m. Espèce de laurier des Antilles.

Abaca. s. m. Bananier des Indes ; espèce de chanvre (Bot.).

Abaco - Khan. Empereur de Mogol, de 1265 à 1282.

Abaco ou **Abaque.** s. m. — *abax*, buffet, table (Gr.). Table ou échiquier ; alphabet, ou table pour apprendre à lire aux enfants ; buffet ou armoire ; couronnement de chapiteaux (Archit.). Ce qu'on appelle *abaco* est un ancien ornement de tête des rois d'Angleterre.

Abactus. s. m. (pris du L.) Signifie expulsé, chassé.

Abacus. s. m. (mot primitif.) Bâton de commandant des Templiers.

Abad. Premier roi maure de Séville, en 1043.

Abaddon. s. m. — *abad*, v. (Hébr.), *faire périr*. Ange de l'abîme.

Abadiate. adj. et s. Peuplade arabe de l'île de Crète.

Abadir. s. m. Nom de la pierre que Saturne avala, enveloppée de langes, lors de la naissance de Jupiter, dans la pensée qu'il dévorait son fils, ce dernier.

Abadite. adj. et s. Secte musulmane de l'Arabie.

Abai. Nom que les Turcs donnent au mois d'août.

Abaisse. s. f. Vy. pour l'origine le v. *abaisser*. Pâte qui fait le dessous ou le fond d'une pièce de pâtisserie.

Abaissé. part. passé de *abaisser*, ou adj.

Abaissement. s. m. — *a*, et de *bas*, diminution de hauteur, état de ce qui est *plus bas* qu'auparavant. Employé au figuré, il signifie *humiliation, diminution* de crédit, d'honneur, etc. On respecte dans l'*abaissement* ceux qui se sont respectés dans la grandeur. NAPOLÉON Ier.

APPL. FR. *Abaissement* ou *abattement, baissesse*. Dans le blason, l'abaissement ou l'abattement consiste dans l'addition de quelque pièce à l'écu pour en diminuer la dignité, la valeur, soit par ironie, soit en mémoire d'un acte déshonorant, etc.

SENS FIGURÉ. Il y a ces différences entre *abaissement, bassesse* et *abjection* : l'abaissement, c'est le résultat d'un fait qui prive quelqu'un ou quelque chose de son premier état pour en diminuer la valeur ; la *bassesse*, c'est la disposition qui porte à des sentiments indignes de l'honnête homme ; l'*abjection* consiste dans une bassesse d'état, une humiliation , etc. : Jésus-Christ fut *l'abjection* du peuple.

Abaisser. v. trans. — *a*, et de *bas*, faire aller *en bas*, du latin barbare *bassus*, de l'italien *basso*, de l'espagnol *baxo*. Mettre plus bas, diminuer de hauteur.

SENS FIGURÉ. *Abaisser, ravaler, humilier, avilir*. *Abaisser* exprime une action plus modérée, un abaissement médiocre ; *ravaler* marque un abaissement beaucoup plus profond qu'abaisser ; *humilier* marque une confusion qui abaisse jusqu'à terre ; *avilir* marque un abaissement dont l'action est encore plus forte, plus odieuse qu'humilier.

Abaisser (s'). v. r. Devenir plus *bas*. Manquer à sa dignité, etc. Pour la conjugaison, Vy. le v. *Aimer*.

Abaisseur. s. m. et adj. Se dit des muscles qui abaissent (Anat.).

Abait. s. m. Appât (t. de pêche).

Abajoue. s. f. — *ab*, de, et de *joue; intérieur* de la joue. Espèce de poche située dans l'intérieur des joues de certains animaux.

Abaliéner. v. trans. — *ab*, de, et *aliéner* Aliéner des meubles, des bestiaux, chez les Romains.

Abalourdir. v. trans. — *ab*, de, et *lourd*. Rendre lourd, appesantir, rendre stupide.

Abandon. s. m. — *a*, sans, de *ban*, lien, et de *don*, faveur ; *privation* de la *faveur* du *lien*. État de ce qui est sans lien, délaissé. Oubli de soi-même. Négligence aimable dans le style, dans les manières, dans le maintien, etc. Acte par lequel un débiteur délaisse ses biens à ses créanciers.

Abandonné, e. adj. et part. passé. Délaissé, désert, inhabité.

Abandonnement. s. m. Action de délaisser entièrement ; état d'une personne privée de la faveur du lien ; action de se livrer sans réserve. Dérèglement.

Abandonner. v. trans. — *a*, sans, de *ban*, lien, de *don*, faveur, auxquels il faut joindre l'action du verbe (1) ; c'est priver de la faveur du lien. Quitter, délaisser entièrement. Renoncer à, confier, remettre, etc.

APPL. FR. *Abandonner* un fils, n'en prendre plus de soin ; abandonner un malade, cesser de voir ou de lui ordonner des remèdes ; abandonner une succession, y renoncer.

Abandonner (s'). v. r. Perdre courage, se négliger. Il se dit des femmes qui se livrent à la débauche.

CONJUGAISON. Ce verbe, comme tous ceux qui sont terminés par . . . . . *onner*, a deux *n* de suite dans tous ses temps et toutes ses personnes. Vy. pour sa conjugaison le v. *aimer*, qui lui sert de modèle.

Abanet. s. m. Ceinture des prêtres juifs (Antiq.).

Abante. adj. et s. Peuple de Thrace, venu en Grèce (Hist.).

Abaque (Vy. **Abaco**). Table de Pythagore pour la multiplication des nombres.

Abaremo - témo. s. m. Arbre du Brésil (Bot.).

Abaride. s. m. — *abarès* (Gr.), léger. Plante trouvée en Amérique (Bot.).

Abas. s. m. prn. *abass* (mot primitif). Poids de Perse.

Abasène. adj. et s. Ancien peuple d'Arabie.

Abasicarpou. s. m. — *a* priv., de *basis*, base, et de *karpos*, fruit. Genre de plantes crucifères (Bot.).

Abasola. s. m. Genre de plantes à feuilles opposées, linéaires.

Abasourdir. v. trans. — *ab*, et de *sourd*. Assourdir par un grand bruit. Consterner, accabler.

Abassi. s. m. (mot primitif des langues sémitiques). Monnaie orientale qui équivaut à 2 réales d'Espagne.

Abat. s. m. — *à* et *bas; abattre*. Commandement de cesser le feu.

Abatage. s. m. — *a*, et de *bas*, action de mettre *en bas*, de couper des bois ; action de mettre à mort les bestiaux, etc.

Abatant. s. m. Qui s'*abat* et se lève à volonté.

Abâtardir. v. trans. — *a*, et de *bâtard*. C'est faire déchoir une chose, la faire dégénérer. Corrompre, altérer le naturel. Il ne s'emploie qu'au fig. : *La nature ne s'abâtardit jamais. Le vice* abâtardit *le meilleur naturel*.

CONJUGAISON. Se conjugue sur *finir*, qui lui sert de modèle.

Abâtardir (s'). v. r. Dégénérer, déchoir, etc.

Abâtardissement (2). s. m. Altération d'une chose. Corruption de ce qui déchoit. État de ce qui va en dégénérant.

APPL. FR. *Abâtardissement* d'un plant de vigne, dégénération de ce plant, qui le menace de son dépérissement. *Abâtardissement* de courage, de zèle, d'habileté, etc.; affaiblissement, altération, dégénération de courage, etc.

Abat-Chauvée. s. f. — *a*, de *bas*, et de *chauvée*, *calvus* (L.), chauve. Laine de moindre qualité. Au pl., des *abat-chauvée*.

Abatée. s. f. Mouvement de vaisseau.

---

(1) Tous les verbes français, à l'infinitif, veulent dire *faire l'action*.

(2) Il est dit aux instructions préliminaires que l'analyse des termes, selon leurs *Éléments créateurs*, est établie à l'infinitif pour toute la nomenclature de mots qui lui est relative.

Abat-Faim. s .m.— *a*, de *bas* (de *abattre*), et de *faim;* grosse pièce de viande. Au pl., des *abat-faim.*

Abat-Foin. s. m. — *a*, de *bas*, et de *foin.* Ouverture pour mettre le foin au ratelier. Au pl., des *abat-foin.*

Abatia, s. m. Espèce de plante d'Amérique.

Abatis. s. m. — *a*, et de *bas*; amas de choses *abattues.* Les pattes, les ailerons d'une volaille, etc. Abatis d'arbres, de maisons, etc.

Abat-jour. s. m. — *a*, de *bas*, et *jour;* qui fait venir le *jour en bas.* Sorte de fenêtre qui communique le jour plus verticalement. Au pl., des *abat-jour.*

Abaton. s. m.—*a* privatif, et de *batos* (Gr.), accessible; qui n'est pas accessible. Édifice de la reine *Artémise*, à Rhodes, dont l'entrée était interdite (Archéol.).

Abattellement. s. m. Sentence du consul de France dans le Levant, qui interdit tout commerce à ceux qui désavouent leurs engagements commerciaux.

Abattement. s. m.— *a*, et de *bas;* diminution de force, de courage, etc. Il ne s'emploie qu'au fig.

Abatteur. s. m. — *a*, et de *bas;* celui qui abat.

Abattoir. s. m. — *a*, et de *bas;* bâtiment où l'on tue les bestiaux.

Abattre. v. trans.— *à (en),* et de *bas;* jeter *en bas,* renverser *à* terre, faire tomber. Assommer, tuer. Au fig., affaiblir; faire perdre les forces, le courage; accabler; vaincre.

Appl. pn. *Abattre* bien du bois, expédier beaucoup d'affaires. *Abattre* l'oiseau (Fauc.), c'est le tenir. *Abattre* un vaisseau en carène (Mar.), c'est l'incliner.

Conjugaison qui sert de modèle à tous les verbes en . . . *attre.*

Ind. pr. J'abats, ats, at, ns. abattons, attez, attent. *Imp.* J'abattais, ttais, ttait, ns. ttions, ttiez, ttaient. *Passé déf.* J'abattis, ttis, ttit, ns. ttîmes, ttîtes, ttirent. *Futur.* J'abattrai, ttras, ttra, ns. ttrons, ttrez, ttront. *Conditionnel.* J'abattrais, ttrais, ttrait, ns. ttrions, ttriez, ttraient. *Impér.* Abats, qu'il abatte, abattons, abattez, q. abattent. *Subj. pr.* Q. j'abatte, ttes, tte, q. ns ttions, ttiez, ttent. *Imp.* Q. j'abattisse, ttisses, ttît, q. ns. ttissions, ttissiez, ttissent. *Part. pr.* Abattant. *Passé.* Abattu, ue.

Abattre. v. intrans. S'écarter de l'aire du vent, etc. (Mar.).

Abattre (s'). v. r. S'abaisser, se laisser tomber, etc.

Abattu, ue. part. passé et adj. Vy. *Abattre.*

Abattures. s. f. pl. — *a*, et de *bas*, du v. *battre.* Foulures que le cerf fait avec le bas de son ventre dans les broussailles où il passe.

Abat-vent. s. m. — *a*, de *bas* et de *vent.* Assemblage de petits auvents, pour *garantir* du *vent.* Au pl., des *abat-vent.*

Abat-voix. s. m. — *a*, de *bas* et de *voix.* Dessus d'une chaire à prêcher qui renvoie les *sons en bas.*

Abbasside. Dynastie d'abbés arabes.

Abbati. Vy. *abba.* Espèce d'hérétique vaudois.

Abbatial, ale. adj. — *abba*, père (Syr.). Qui appartient à l'*abbé*, ou à l'*abbesse*, ou à l'*abbaye.*

Abbaye. s. f. (prn. *a-béïe*). — *abba*, père, ecclésiastique. Monastère dirigé par un abbé ou une abbesse. On donne aussi ce nom aux bâtiments du monastère.

Appl. pn. *Abbaye en règle ou régulière;* on donne cette modification à l'abbaye dont le gouverneur et les gouvernés sont religieux. *Abbaye en commande;* c'est celle dont l'abbé est un ecclésiastique séculier, qui n'est pas tenu d'observer les règles.

Abbé. s. m. — *abba*, père (Syr.). Celui qui possède une abbaye, et, par extension, on donne indistinctement ce nom à l'ecclésiastique.

Abbesse. s. f. (même origine que *abbé*). Supérieure d'un monastère de filles.

Abbeville. — *abba*, (Syr.), maison d'abbé. Ville de France.

A B C. s. m. (prn. *a, bé, cé*); nom d'un petit livret contenant l'alphabet.

Appl. pn. Les premiers éléments d'une langue, d'un art, d'une science, etc. Commencement d'une affaire. Renvoyer à l'*a, b, c,* c'est traiter d'ignorance. Remettre à l'*a, b, c,* c'est faire tout recommencer.

Abcéder. v. intrans.—*abs,* et *céder*, de *cedere* (L.), pris de l'ionique *chazéin*, du grec *chadéin;* c'est résoudre en abcès.

Abcès. s. m. (mêmes éléments que *abcéder*). Amas de pus.

Abd. s. m. Mot primitif arabe, et des langues sémitiques, qui signifie *serviteur*, et se place au commencement des noms propres pour y ajouter cette même idée de serviteur : *Abdelkader, Abdalonyme*, etc.

Abdalas. s. m. pl. — *abd,* serviteur, *al,* élevé, et *lah,* Dieu; *serviteur élevé de Dieu* (L. O.). Nom des moines chez les Persans.

Abdallah, — *abd*, serviteur, *al*, élevé, et *lah*, Dieu (L. O.) Père de Mahomet.

Abdallite, s. m. —*abd*, serviteur, de *al*, élevé, et de *lite*, de *lithos*, pierre. Nom donné aux derviches voyageurs.

Abdéritain, adj. et s. (pris du L.) *Aderita mens,* esprit dépourvu de sens commun (Hist.).

Abdest. s. m. — *ab*, eau, et de *dest*, main (Pers.), eau jetée sur les *mains.* Purification des Persans et des Turcs.

Abdias, s. m. (mot hébr.). Serviteur de Dieu.

Abdannation. s. f. — *ab*, de, hors, et *annation* (de *annus,* année); *éloignement* d'une *année.* Exil d'un an.

Abdication. s. f. — *ab*, de, hors, et de *dicere* (L.); déclarer, renoncer. Action de renoncer volontairement à une dignité souveraine.

Appl. pn. Il se dit de celui qui abdique et de la chose abdiquée. *Abdication de Charles-Quint.* Vy. Abandonnement.

Abdiquer. v. trans. —*ab*, de, hors, et de *dicere* (L.), déclarer; renoncer à une dignité souveraine, la quitter, s'en dépouiller volontairement.

Appl. pn. *Abdiquer, se démettre.* On abdique une dignité volontairement, et l'on se démet forcément ou même volontairement; mais dans ce dernier cas il ne s'agit que de petites places, de petits emplois, etc.

Abdomen. s. m. — *abdo* (L.), je cache. Partie du bas-ventre qui contient les intestins. Le ventre (Anat.).

Abdominal, ale. adj. Même élément que *abdomen,* dont il est une modification. Au pl. *abdominaux* : Des poissons abdominaux.

Abducteur. s. m. et adj.—*ab*, hors, et de *duco* (L.), je conduis. Muscle qui fait mouvoir en *dehors* les parties auxquelles il est attaché (Anat.).

Abduction. s. f. (mêmes éléments que *abducteur*). Action de ce dernier.

Abe. s. m. Corruption de *abba*, père. Espèce de vêtement des Orientaux.

Abéat, s. m. Habitant de la ville d'Abée.

Abéausir, v. intrans. — *a*, plus, et de *beau;* devenir *plus beau.* Il ne se dit que du temps.

Abécédaire. s. m, *A B C* pour apprendre à lire. Adj. des 2 g. lorsqu'il se joint à un nom relatif à l'alphabet.

Abée. s. f. — *abeo*, je m'en vais, ou de *abitus* (L.) issue, passage. Ouverture par laquelle coule l'eau d'un ruisseau, d'une rivière qui fait tourner le moulin.

Abeille. s. f. (prn. *abei e*) — *apicula* (L.). Espèce de mouche qui produit le miel, la cire. Insecte de la famille des mellites. L'abeille est le symbole des colonies et de la sagesse.

Abel, (mot hébr.), c'est-à-dire *vanité* ou *respiration.* Second fils d'Adam.

Aben, (mot primitif des langues du Levant), c'est-à-dire *fils.*

Abénévis ou Bénévis, s. m. Contrat sans terme pour la durée.

Abéone et Adéone. s. f. —*abeo* (L.), je m'en vais, et de *adeo* (L.), je reviens. Déesse qui, selon les Romains, invoquait l'un pour *aller* et l'autre pour *revenir.*

Abépithymie, s. f. — *a* priv., et de *épithumia,* concupiscence. Espèce de paralysie (Méd.).

Abéquer, ou **Abecquer.** v. trans. — *a* et *bec*, mettre *dans* le *bec.* Donner la becquée à un jeune oiseau.

Aber. s. m. (mot celt.) Signifie *petit port*.

Aberration. s. f.—*ab*, hors, et *erration*, de *erro* (L.), je m'écarte. *Erreur;* action de *s'écarter*, d'aller *hors* de la bonne voie. Mouvement des étoiles (Astr.). Erreur de jugement. Etat de celui qui, selon la saine morale, vient à s'éloigner des convenances, des idées justes.

Abesum. s. m. (prn. *ab çomm*) (L.). Qui n'est pas délayé (Chim.).

Abêtir. v. trans.— *a*, et de *bête;* rendre stupide. Dans le sens intransitif et *fam.*, c'est devenir bête.

Abeuvrage. s. m. — *abevragium* (bas L.), mot roman. Ancien droit de boissons.

Abévacuation. s. f. — *ab* priv. et de *évacuation*. Évacuation incomplète.

Abg. s. m. (mot arabe). L'un des noms de l'asphodèle (Bot.).

Abhal ou **Abhel.** s. m. (mot arabe). Fruit d'Égypte.

Abhidgit, s. m. Sacrifice expiatoire chez les Arabes.

Ab hoc et ab hac.—*ab hoc* (L.), de ceci, et *ab hac*, de cela; ce qui équivaut à *par ci, par là* (fam.) Confusément.

Abhorré, ée. part. et adj. Il ne prend pas de régime.

Abhorrer. v. trans.—*ab*, et *horrer*, de *horrere* (L.). Avoir *en horreur*, en aversion, détester; se hérisser comme les cheveux se hérissent dans une grande frayeur.

Appl. pr. *Abhorrer, détester.* Il diffère de *détester* en ce que ce dernier est l'effet du jugement, de la raison, et qu'*abhorrer* est plutôt l'effet du sentiment. On *abhorre* les méchants, l'ingratitude; on *déteste* ce que l'on ne peut approuver.

Abhorrer (s'). v. r. Se détester l'un l'autre.

Conjugaison. Il se conjugue comme *aimer*, qui lui sert de modèle.

Abhorreur, Abhorrout. s. m. Terme usité en Angleterre.

Abib. s. m. (mot prim. hébr.) *Épi vert*. Premier mois de l'année sainte des Hébreux.

Abie. s. f. — *abios* (Gr.), doux, frêle. Espèce d'insecte.

Abien, enne. adj. et s. — *a* priv. et de *bia* (Gr.), violence. Peuple de Scythie.

Abienneur. s. m. — *abyen* (Celt.), garder. Celui qui gardait un bien saisi.

Abiès. s. m. pl. (mot L.). Nom scientifique du sapin (Bot.).

Abiétine. s. f. et adj. — *abies* (L.), sapin. Se dit des plantes (Bot.).

Abiétique, Abiétiné. — *abies* (L.), sapin. Qui appartient au sapin.

Abiga. s. m. — *abigere* (L.), chasser devant soi. Variété de sapin qu'on croyait propre à délivrer les femmes enceintes.

Abigéat. s. m. —*ab*, de, hors, et de *agere* (L.), pousser, conduire. Délit de celui qui s'approprie les troupeaux ou les bestiaux d'autrui (Jurispr.).

Abila. montagne. Nom d'une colonne d'Hercule.

Abimalic. s. m. Langue des Africains naturels du pays.

Abîme. s. m. — *a*, priv., sans, et de *bime*, de *bussos*, fond, fin; *sans fond, sans fin.* Profondeur qui n'a point de fond, gouffre, etc., l'Enfer.

Abîmer. v. trans. (mêmes éléments que *abîme*). Précipiter dans un abîme. Au fig., ruiner tout à fait, gâter, endommager beaucoup.

Abîmer (s'). v. r. S'abandonner à . . .

Abimer. v. intrans. Tomber en ruine.

Conjugaison. Se conjugue sur *aimer*, qui lui sert de modèle.

Abintestat. s. et adj. —*ab*, hors, de *in*, sans, de *testat* (tester); *sans avoir testé; sans testament.*

Appl. pr. Il se dit de celui qui hérite de droit d'une personne qui n'a pas fait de testament. Il se dit encore comme adj. : *hériter abintestat;* ou : *mourir abintestat*.

Abintzy. s. m. Peuple tartare de la Russie d'Asie.

Abiotos. s. m. — *a* priv. et de *bios* (Gr.), vie; qui ôte la vie. Plante (Bot.).

Abipons. s. m. pl. Tribu indigène des États-Unis.

Abirquajove. s. m. Arbre qui produit l'encens chez les Hindoux (Bot.).

Abirritant, ante. adj. — *ab* priv. et de *irritant*. Qui diminue l'irritation.

Abirritatif, ive. adj. Voyez *abirriter*, dont il a le caractère.

Abirritation. s. f. Voyez *abirriter*, dont il marque l'action.

Abirriter. v. trans. — *ab* priv. et *irriter; diminuer l'irritation.*

Abissique. Voyez *abîme*, dont il a la propriété.

Abitigas. s. m. pl. Guerriers indiens de Tuna, au Pérou.

Abirato. (L.) c'est-à-dire par un homme en colère.

Abject, ecte. adj. — *ab*, de, hors, et *ject*, de *jacio* (L.), *se jeter hors de.* Vil, méprisable, bas.

Appl. pr. Il s'applique aux personnes et aux choses : *homme abject*, homme bas, indigne de respect; *chose abjecte*, chose repoussante, méprisable.

Abjection. s. f. Mêmes éléments que *abject*. État d'humiliation, d'abaissement.

Abjuration. s. f. —*ab*. contre, et de *juration*, de *juro* (L.), je jure. Action de *jurer contre*, de renoncer à une religion, à une doctrine.

Abjuratoire. Voyez *abjurer*, dont il marque l'acte.

Abjurer. v. trans. — *ab*, contre, et de *jurer*, de *juro* (L.), je jure; c'est *jurer contre;* c'est renoncer à quelque erreur religieuse, à quelque mauvaise doctrine. *Au fig.* Quitter, laisser, renoncer à, etc.

Appl. pr. *Abjurer* 'a poésie, y renoncer, l'abandonner; *abjurer* tout sentiment de pudeur, etc. Dans ces cas, le sens du v. est plus étendu que celui de son subs. *abjuration*, qui ne se dit guère qu'en matière religieuse.

Conjugaison. Comme *aimer*, qui est son modèle.

Ablactation. s. f. — *ab*, hors, de *lac* (*lactis*), lait; *privation* de lait. Action d'*ôter* le lait, de sevrer (Méd.).

Appl. pr. *Ablactation, sevrage;* le premier se dit de la mère; le second s'applique aux enfants.

Ablania ou **Ablanier.** s. m. Arbre indigène de la Guyane (Bot.).

Ablaque. s. f. Espèce de soie de Perse.

Ablaquéation. s. f. — *ab*, de, hors, de *laquéation*, de *laqueus* (L.), collet, lacet. Déchaussement des vignes; ouverture à la terre autour de la racine des arbres.

Ablateur. s. m. — *ab*, loin, et de *latus* (L.), porté. Instrument de vétérinaire qui sert à enlever la queue des brebis.

Ablatif. s. m. — *ab*, de, hors, et *latif*, de *latus* (L.), porté; *porté hors.* Transport d'une chose à une autre. Sixième cas des déclinaisons latines.

Ablation. s. f. — *ab*, de, hors, et *lation*, de *latus* (L.), porté; enlèvement. Action de retrancher une partie du corps.

Ablativo. Locution adv.; c'est-à-dire tout ensemble, avec confusion.

Able. s. m. — *abyl* (Celt.), capable, propre à, habile; termine les mots, auxquels il ajoute sa propre signification.

Able. s. m. ou **Ablette.** s. f. — *albula* ou *albuleteta*, selon Ménage. Petit poisson osseux.

Ablégat. s. m. — *ab*, de, hors, et de *légat*, de *lego* (L.), j'envoie. Vicaire d'un légat.

Ablégation. s. f. Mêmes éléments que *ablégat*. Bannissement (chez les Romains) d'un père contre son fils.

Ablepsie. s. f. — *a* priv. et de *blepsis* (Gr.), vue. Aveuglement (S. fig.).

Ableret. s. m. Vy. *able*. Filet pour pêcher les *ables*.

Ablier. s. m. Filet de pêche pour prendre les *ables* ou *ablettes*.

Abluant, ante. adj. — *ab*, de, hors, et de *luo* (L.), je purifie. Qui dissout et emporte les parties âcres. *Remèdes abluants* (Méd.).

Paris. — Imprimerie LE NORMANT, rue de Seine, 10.